Tiefseefische

von Dr. Erwin Eigner

gezeichnet von
Ina und Walter Etschmann

Als vor mehr als hundert Jahren ein Überseekabel aus dem Mittelmeer herausgeholt wurde, gab es eine Riesenüberraschung. An der 2000 Meter tief gelegenen Telefonleitung hatten sich verschiedene Tiere angesiedelt. Das weckte die Neugierde der Naturforscher. In zahlreichen Forschungsunternehmungen fischten sie seitdem mit ausgeklügelten Geräten in den kalten, dunklen Tiefen der Meere. Neben anderen Tieren gingen ihnen viele seltsame Fische in die riesigen Sacknetze.

Siebert Verlag

Riesenangler

Wie kann ein Tiefseefisch in den dunklen Weiten der Meere einen Ehepartner aufspüren? Die Riesenangler fanden eine Lösung. Die Riesenanglerfrau braucht nur einmal in ihrem Leben einen „Mann“ zu gewinnen. Er ist wesentlich kleiner, und sie verwächst mit ihm für immer. Häufig nimmt sie sogar mehrere Männchen auf. Das Blut der „Fischfrau“ strömt sodann durch deren Adern und versorgt sie mit ausreichend Nährstoffen. Die „Zwergmännchen“ werden in der Sprache der Naturforscher „Nahrungsparasiten“ genannt. Parasiten leben stets auf Kosten anderer.

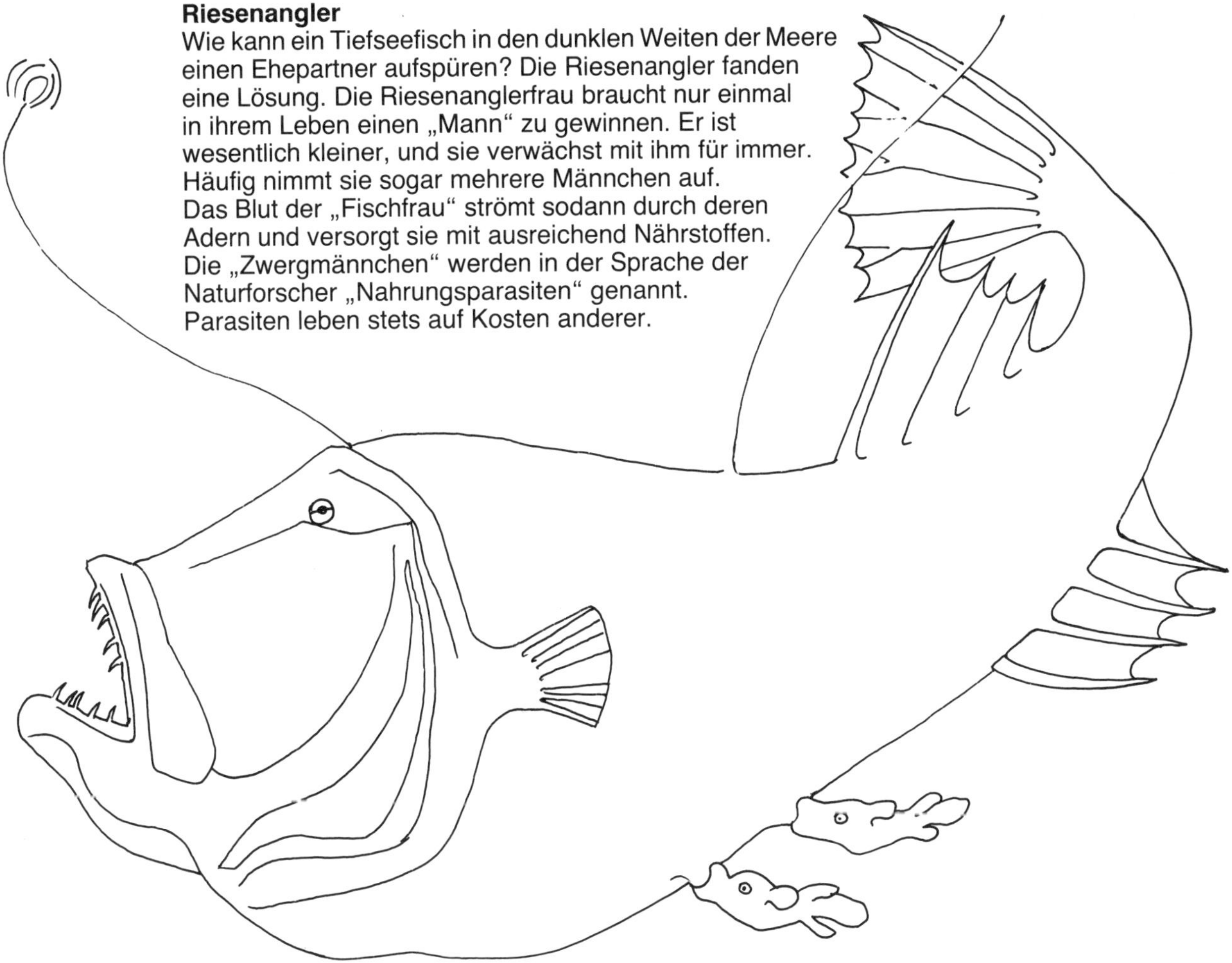

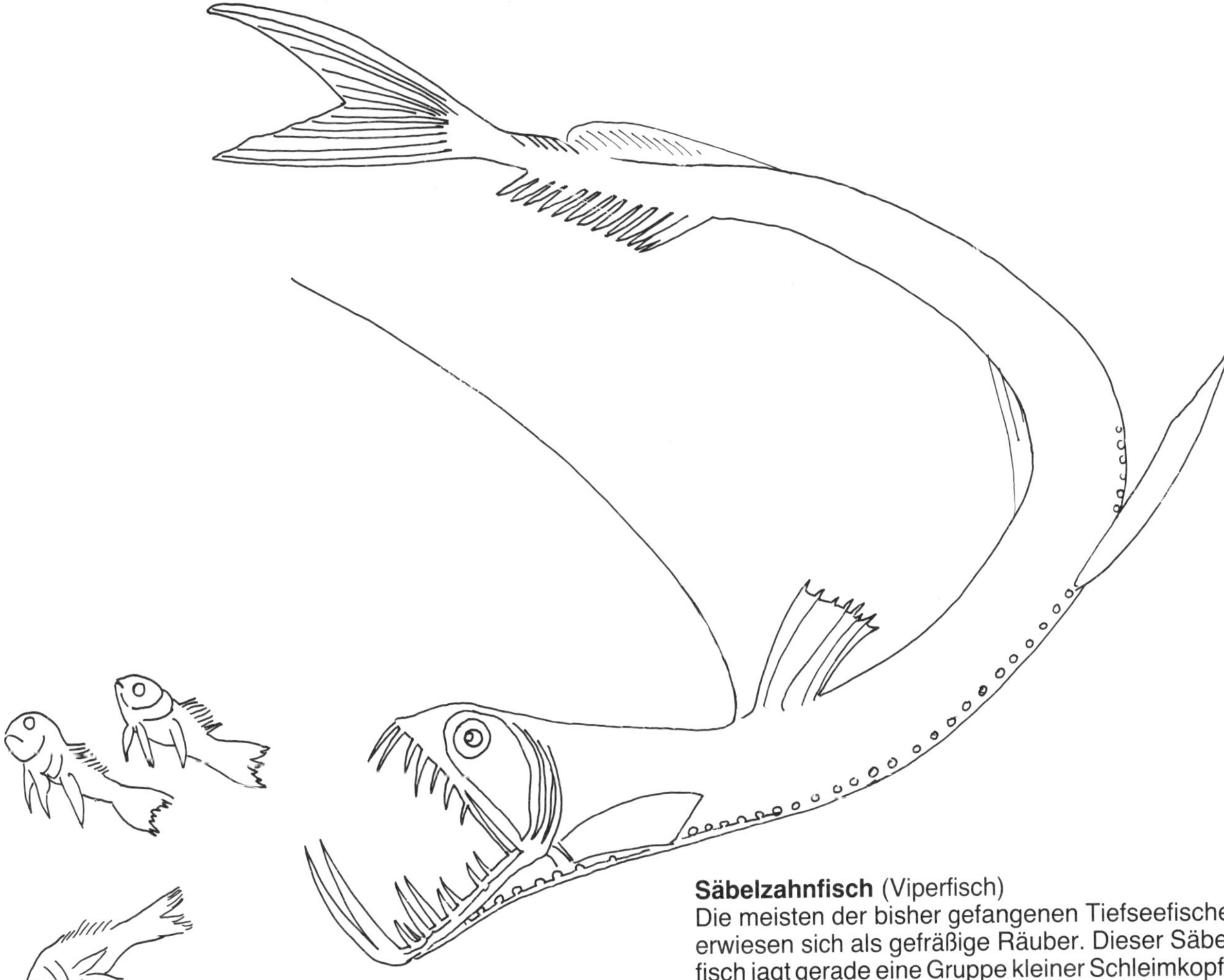

Säbelzahnfisch (Viperfisch)
Die meisten der bisher gefangenen Tiefseefische erwiesen sich als gefräßige Räuber. Dieser Säbelzahnfisch jagt gerade eine Gruppe kleiner Schleimkopffische. Wegen seines schlangenartigen Körpers und der nadelscharfen Zähne paßt auch sein zweiter Name, Viperfisch, sehr gut. Vipern sind nämlich Schlangen mit spitzen Giftzähnen.

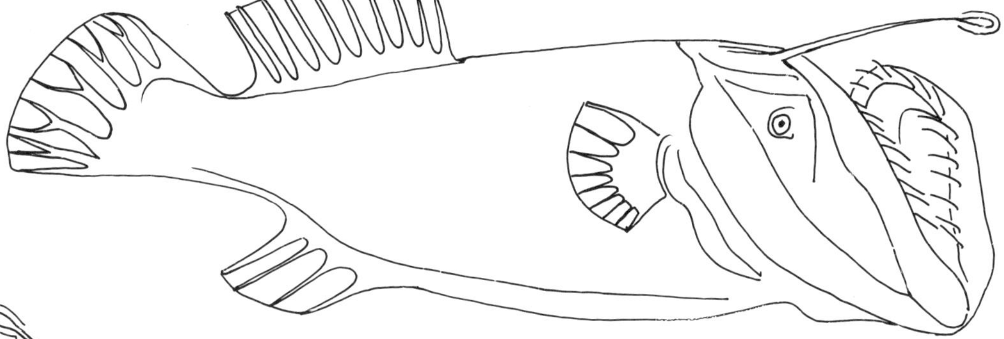

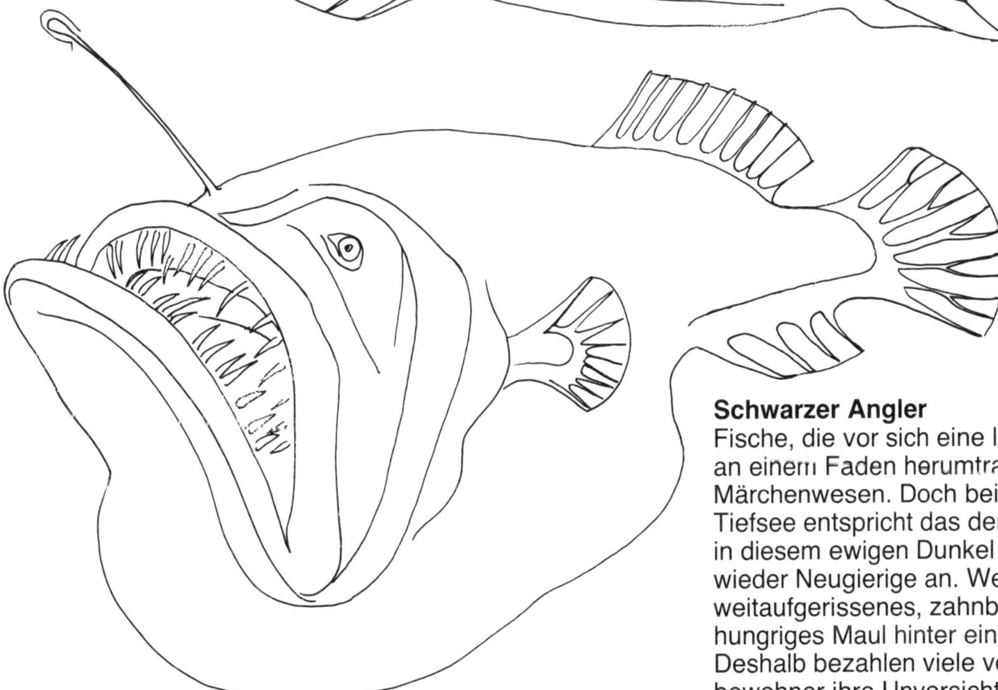

Schwarzer Angler

Fische, die vor sich eine leuchtende Laterne an einem Faden herumtragen, halten wir für Märchenwesen. Doch bei den Anglerfischen der Tiefsee entspricht das der Wirklichkeit. Ein Licht in diesem ewigen Dunkel lockt offenbar immer wieder Neugierige an. Wer würde aber ein weitaufgerissenes, zahnbewehrtes und hungriges Maul hinter einer Laterne vermuten? Deshalb bezahlen viele vorwitzige Tiefseebewohner ihre Unvorsichtigkeit mit dem Leben. Im sackartig dehnbaren Bauch eines Anglers haben sogar große Fische Platz (unten).

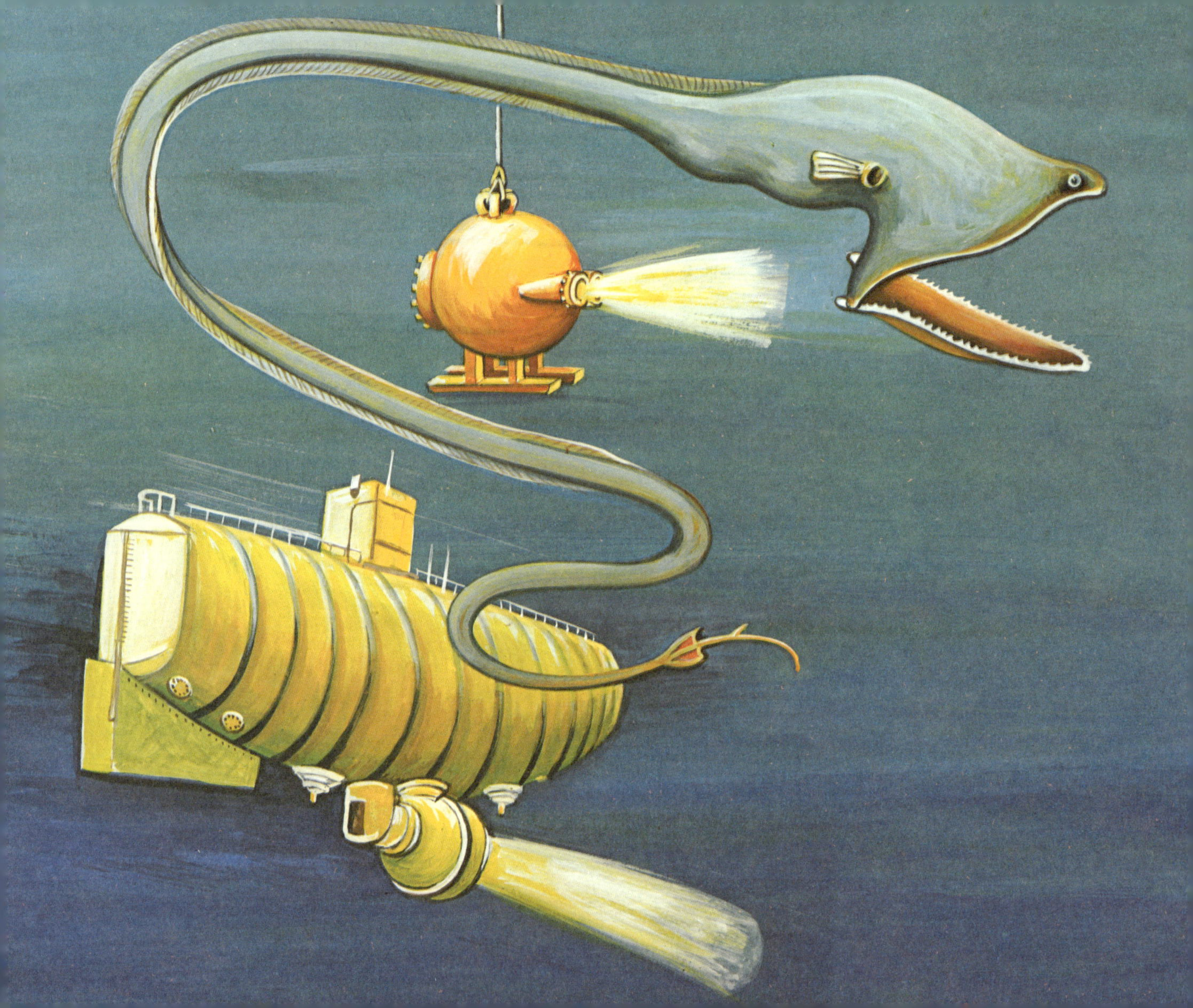

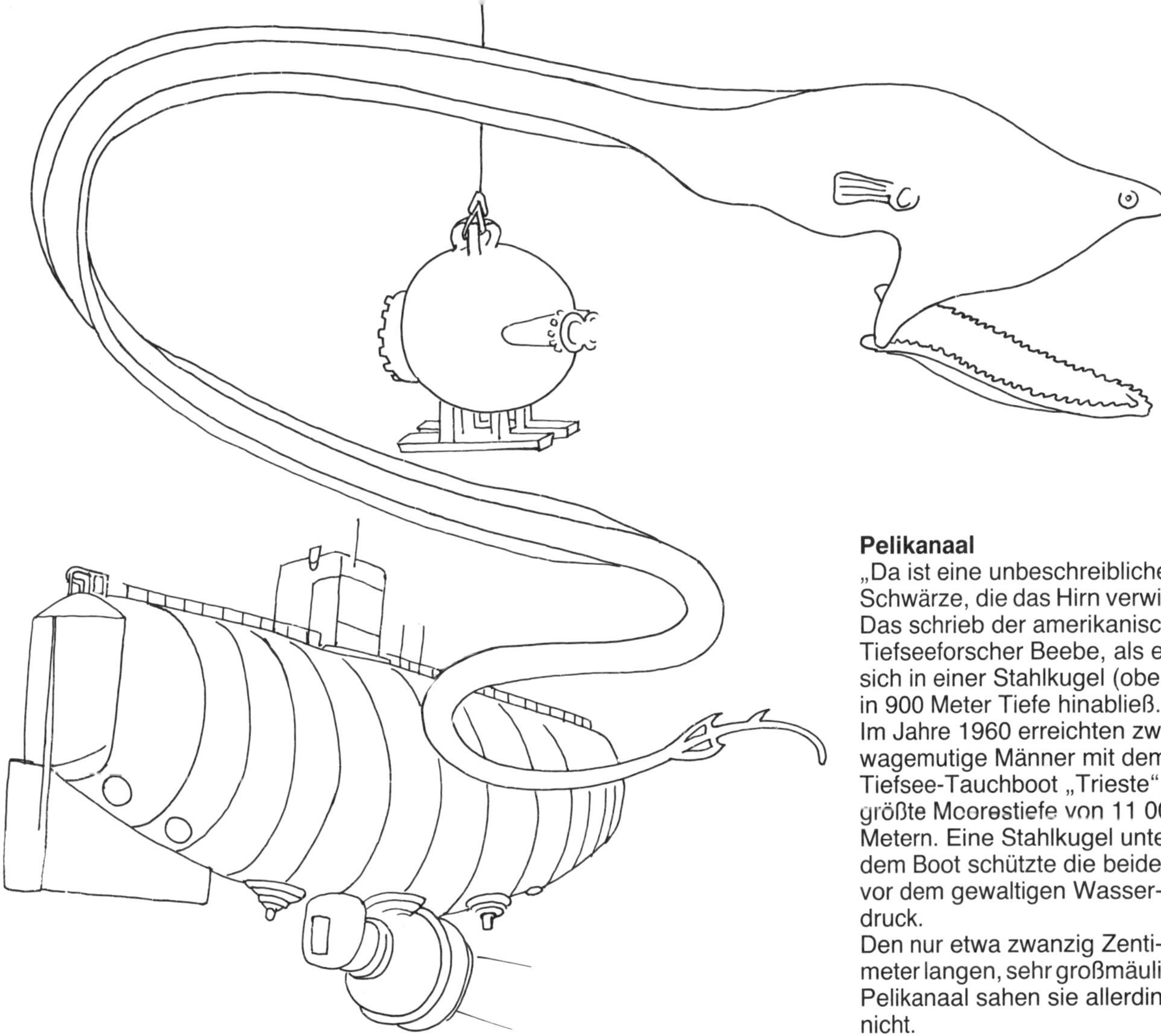

Pelikanaal
„Da ist eine unbeschreibliche Schwärze, die das Hirn verwirrt." Das schrieb der amerikanische Tiefseeforscher Beebe, als er sich in einer Stahlkugel (oben) in 900 Meter Tiefe hinabließ.
Im Jahre 1960 erreichten zwei wagemutige Männer mit dem Tiefsee-Tauchboot „Trieste" die größte Meerestiefe von 11 000 Metern. Eine Stahlkugel unter dem Boot schützte die beiden vor dem gewaltigen Wasserdruck.
Den nur etwa zwanzig Zentimeter langen, sehr großmäuligen Pelikanaal sahen sie allerdings nicht.

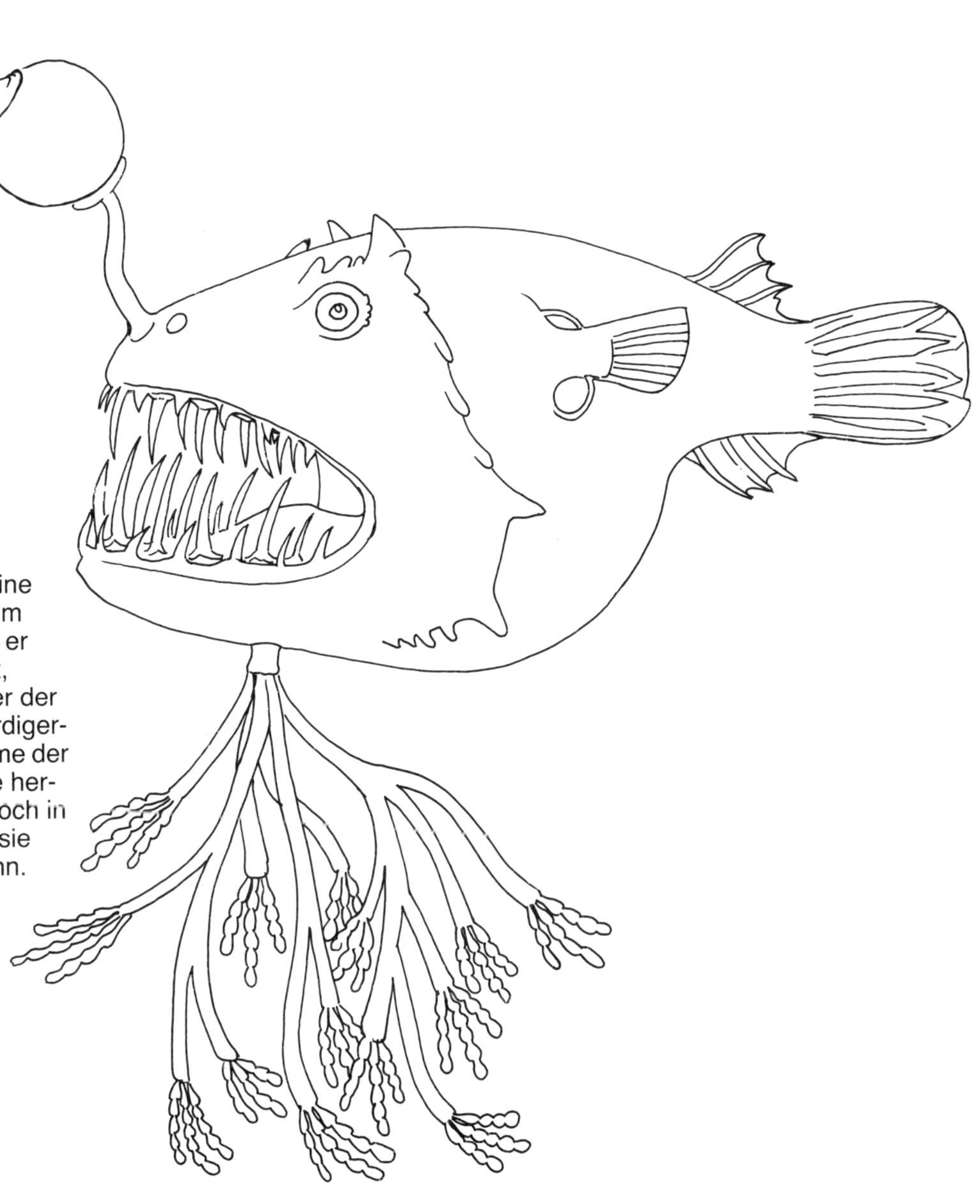

Laternenangler
Der Laternenangler benutzt eine besonders schöne Leuchte, um Beutetiere anzulocken. Wozu er den leuchtenden Bart braucht, wissen wir noch nicht. Die Eier der Anglerfische steigen merkwürdigerweise zum Licht und zur Wärme der Meeresoberfläche empor. Die herangewachsene Brut kehrt jedoch in die Finsternis zurück, sobald sie größere Beute annehmen kann.

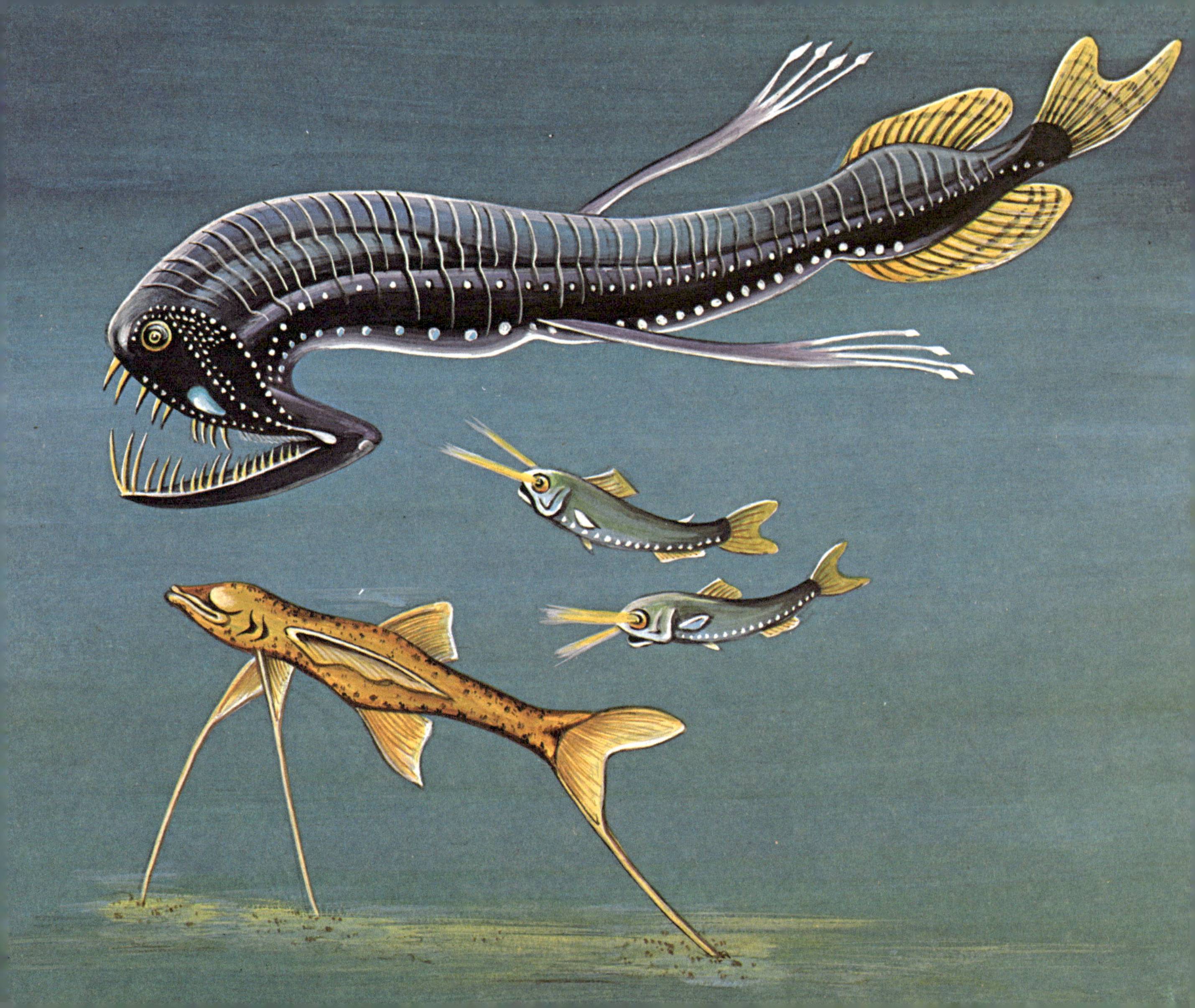

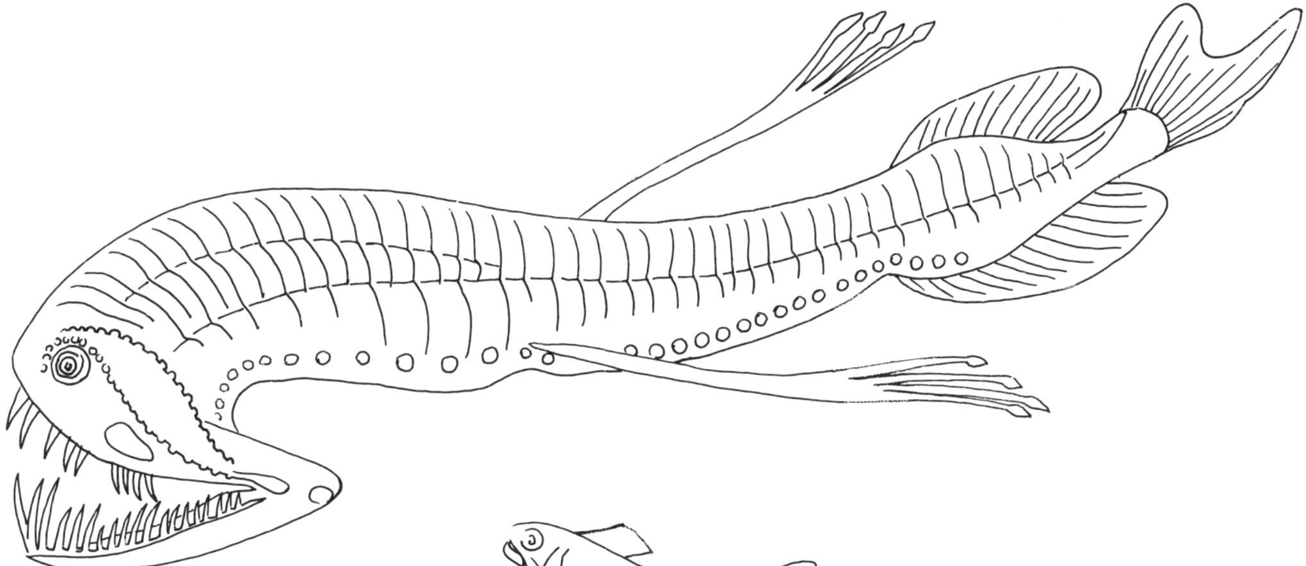

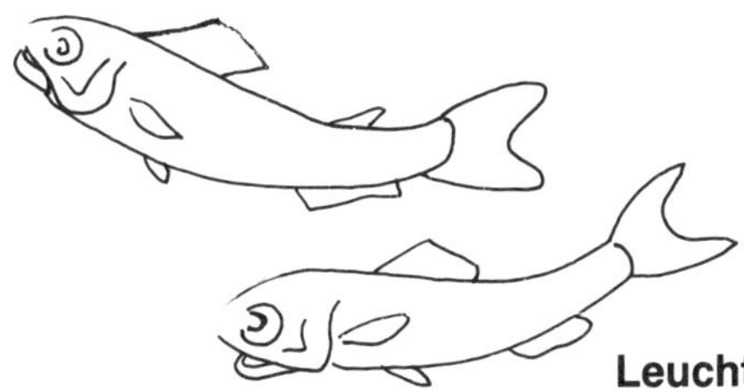

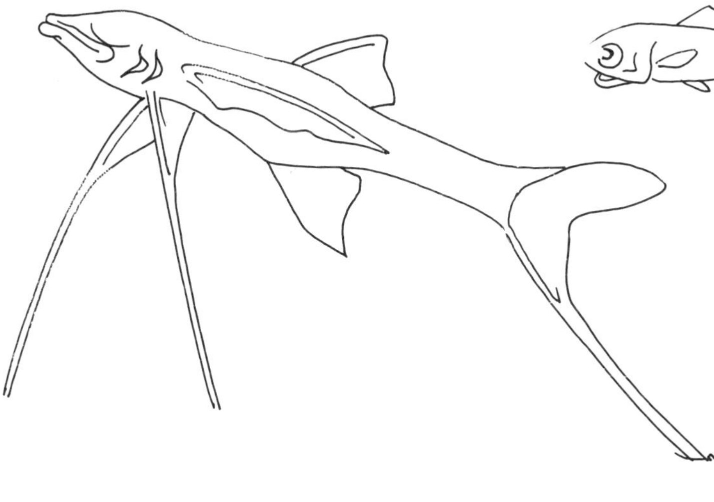

Leuchtmaul, Laternenfische, Fühlerfisch

Tiefseefische haben nicht nur große Mäuler. Sehr oft sehen sie aus wie beleuchtete Ozeandampfer. Heute wissen die Forscher den Grund dieser Beleuchtung. An ihr erkennen sich die Partner, die sich zusammenfinden, um für den Nachwuchs zu sorgen. Die kleinen Laternenfische (Mitte) erhellen mit richtigen Scheinwerfern die Dunkelheit. Der Fühlerfisch (unten) stelzt auf langen Knochenstrahlen der Flossen über den Meeresgrund dahin.

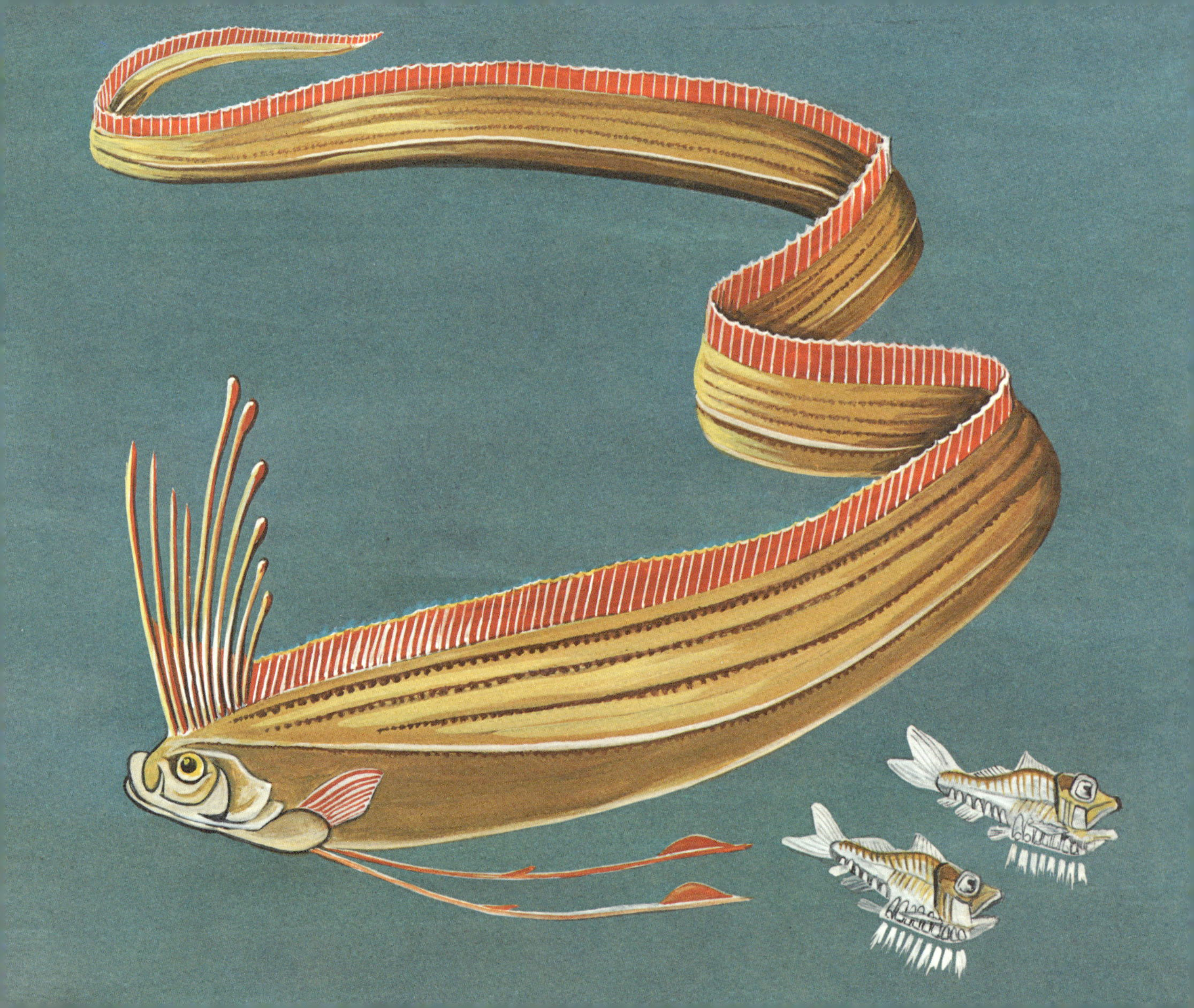

Riemenfisch (und Beilfische)

Die meisten der bisher gefangenen Tiefseefische gehören zu den Zwergen. Mit dem Riemenfisch ging den Tiefseeforschern ein Riese von über vier Metern in das Fangnetz. Diese Fische sollen sogar noch länger werden. Den Namen bekamen sie wegen ihres Aussehens, das an einen langen Lederriemen erinnert. Riemenfische verirren sich gelegentlich in die oberen Wasserschichten.

Die Beilfische (unten) hingegen bleiben stets Zwerge.

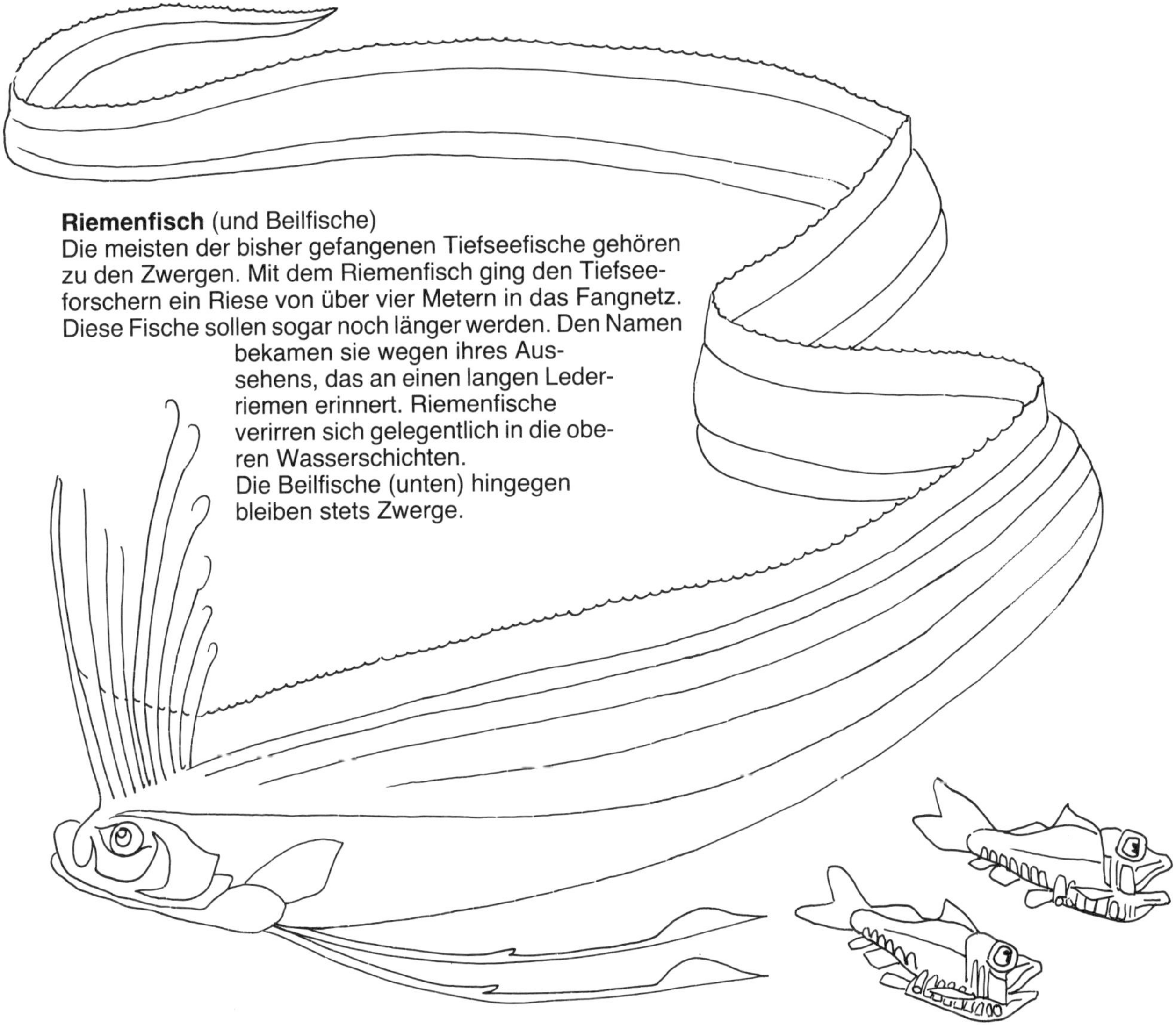

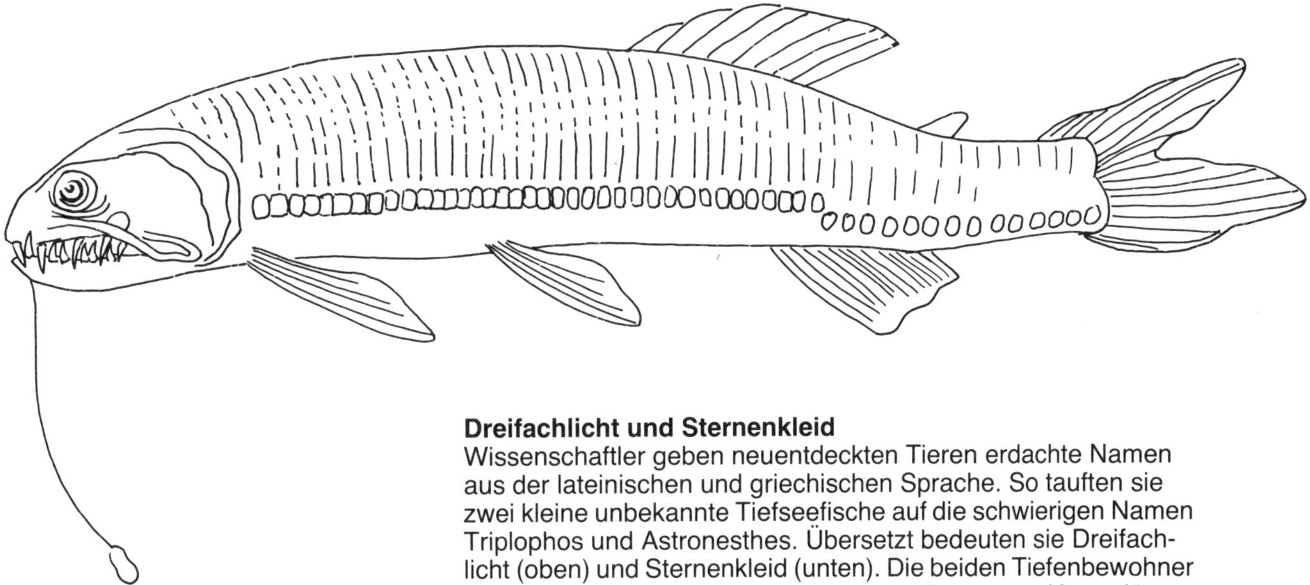

Dreifachlicht und Sternenkleid
Wissenschaftler geben neuentdeckten Tieren erdachte Namen aus der lateinischen und griechischen Sprache. So tauften sie zwei kleine unbekannte Tiefseefische auf die schwierigen Namen Triplophos und Astronesthes. Übersetzt bedeuten sie Dreifachlicht (oben) und Sternenkleid (unten). Die beiden Tiefenbewohner bringen es lediglich auf vierzehn bzw. drei Zentimeter Körperlänge.

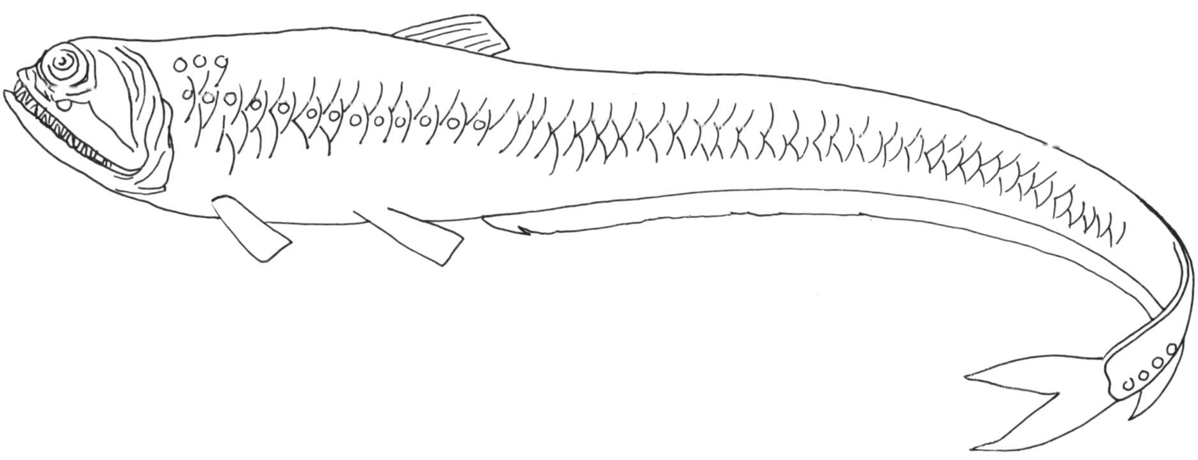

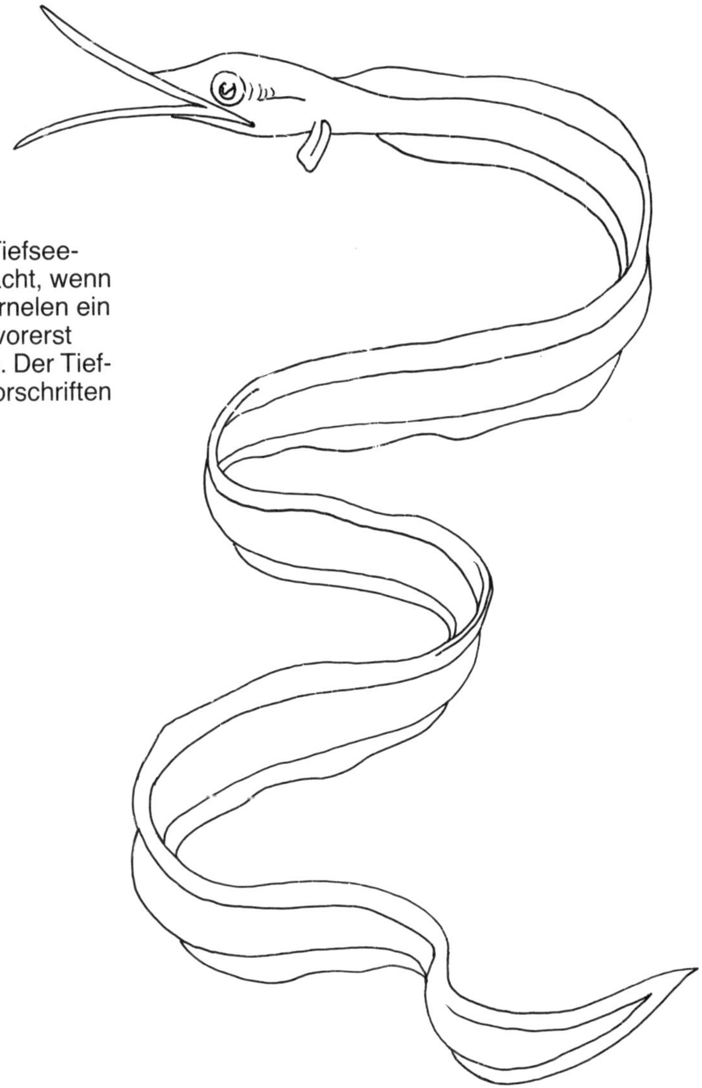

Tiefseeaal
Braun und Schwarz überwiegen bei den Tiefseefischen als Farben. Wozu auch Farbenpracht, wenn sie keiner sehen kann? Warum Tiefseegarnelen ein scharlachrotes Kleid tragen (links), bleibt vorerst noch ein Geheimnis dieser kleinen Krebse. Der Tiefseeaal hält sich jedenfalls an die Kleidervorschriften der Gesellen der Finsternis.

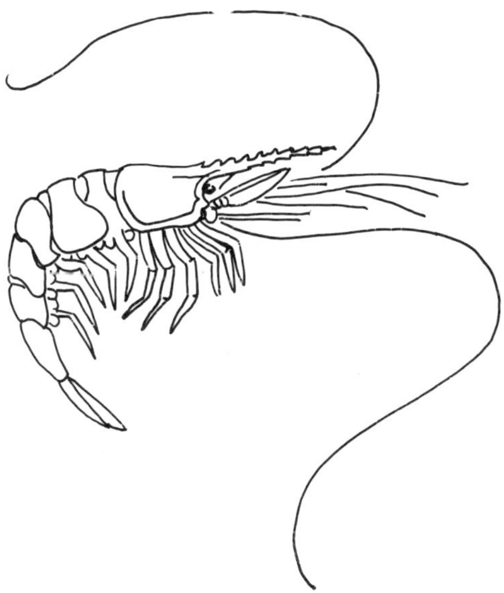

Ein Fragespiel über Tiefseefische – machst du mit?

1. Wie lange schon weiß man etwas über Tiefseetiere?
2. Auf welche Weise wurden die ersten Tiere der Tiefsee entdeckt?
3. Warum verlieren die Weibchen des Riesenanglers niemals ihre Männchen?
4. Was sind Parasiten?
5. Welche Anglerfische sind dir bekannt?
6. Mit welchem Trick fangen Angler ihre Beute?
7. Wann tauchten Forscher in die größte Meerestiefe hinab?
8. Wie tief ist die größte Meerestiefe?
9. Wo entwickeln sich die Eier vieler Tiefseefische?
10. Warum entwickeln sich die Eier der Tiefseefische nicht in der Tiefsee?
11. Welcher Tiefseefisch geht auf Stelzen auf dem Meeresgrund?
12. Welcher Tiefseefisch erreicht eine Länge von mehreren Metern?
13. Welche Aufgaben haben die Leuchtorgane der Tiefseefische?
14. Aus welchen Sprachen nehmen Forscher die Namen für neu entdeckte Tiere (und Pflanzen)?
15. Welche Körperfarben überwiegen bei Tiefseefischen?

Antworten

1. Seit über hundert Jahren (genau seit 1860).
2. Als man ein Tiefseekabel aus 2000 Metern Tiefe aus dem Mittelmeer holte, an dem sich Tiere festgesetzt hatten.
3. Weil sie fest mit ihnen verwachsen sind.
4. Lebewesen, die auf Kosten anderer Lebewesen leben.
5. Riesenangler, Schwarzer Angler, Laternenangler.
6. Sie locken mit beweglichen Leuchtorganen Beutetiere an.
7. Im Jahr 1960.
8. Elftausend Meter (Marianengraben).
9. An der Meeresoberfläche.
10. Weil es hier viel zu kalt ist.
11. Der Fühlerfisch.
12. Der Riemenfisch.
13. Sie sollen Beutetiere anlocken und als Erkennungszeichen dienen.
14. Aus der lateinischen und altgriechischen Sprache (zwei Sprachen, die heute nicht mehr gesprochen werden).
15. Braun und Schwarz.